AS FAR AS I CAN SEE

AS FAR
AS I CAN SEE

Selected Poems & a Tale

Eunice Buchanan

KETTILLONIA

Published in 2012 by KETTILLONIA
Sidlaw House
24 South Street
Newtyle
Angus
PH12 8UQ

www.kettillonia.co.uk

ISBN: 978 1 902944 29 6

Designed and typeset by Gerry Cambridge
gerry.cambridge@btinternet.com
Set in Monotype Ehrhardt, Halogen and Expo Sans Pro
Cover photograph: *View over the North Sea from south of Aberdeen*
© Gerry Cambridge

Printed by Charlesworth Press

CONTENTS

Wife to Noah *9*

Arachne to Pallas *11*

Persephone *12*

Ariadne *13*

Marsyas *14*

Narcissus *15*

Christmas Caird *16*

The Angus Hills *17*

Esk *18*

Simmer's Past *20*

Timepiece *21*

Whiting Ness *23*

Landscape *24*

Sea-games *25*

Canny Noo *26*

Fetch! *27*

Caa'in the Boats *28*

The Hinner End *29*

Pict in a Cist *30*

Mensefu in Angus *31*

Learning to Swim *32*

Perversity *33*

Branks *34*

Big Sister *35*

On Mairriage *38*

Bairns *39*

Selkie Quine *40*

Chap at the Door *42*

Presence *43*

Balmerino *45*

A Gift from Tentsmuir *46*

Slug *49*
Forenent a Horny-Golach *50*
Litterlouts *51*
The Slug Soiree *52*
Seven Different Ways of Looking *53*
Hunt the Gowk *55*
Underdog *57*
Tae a Beetle at a Writers' Gaithrin *58*
Siny Theezia *59*
The Ivryday Warld *61*
Carl Gustav Fish *62*
Courtesie *63*
Weedow Burds *64*
Anywhere but Here *65*
Lament *67*
Ghosts in the Salon *68*
Agin Mischefe *69*
Solstice *73*
Last Words *74*

Sin *79*

Glossary of Scots Words and Terms *87*

I didna speak
            whan it bleetert doon.

Ma man wis gey taen up wi gettin us
sortit, an it wis fell lang afore we had
the bastes in an the fowl settled.

I didna speak
            whan the watters spewed
ower ma rigs o corn an doon the street
intae ma hoose amangst ma rugs
an the bonny things I had fae ma mither.

I didna speak
            whan I heard ma frien
Becca battrin at the howe o wir boat,

her bairn in her airms, yowlin like een
o the damned o Hell. We had linkit
doon the years fae bairnie tae wife.
Ma bonny hinnie, weel-hertit Becca.
I clappit ma haunds tae ma lugs
an flung ma airms aboot ma laddies,
            but still I didna speak.

I didna speak
            whan the lift grew black an blacker
an there wis naither muin nor sun an the cries
that had been aa aboot us wir smoored.
Nae soond on that black sea but the doonfa, the dreep,

the plowt, the pish-oot o grey watter on grey watter.

I *canna* speak
            o the things *on* the watter
as the days drave on — swollen an blae,
wi the sea-maws skirlin an pickin, skirlin an pickin.

Syne whan the well-heid dried an the watters sank,
the laund, oor bonny laund, slaich an slairy
wi black glaur,
                    an oorsels alane.

But whan I gang the low road on the hinmaist day

an I climb the steps for ma tryst wi God
I will look the Almichty in the face —
                    an I will hae ma say.

ARACHNE TO PALLAS
Ovid — Metamorphoses

Ye wabbit a warld o gods
prinkit an preened wi croons
an whirligigs o state.
I broudit the gods as men.

While jinker Jupiter growps
fair Danae in a shour
o gowd, Bacchus slees by
wi grapes — I hae thir cut.

My fingers yuistae taise
saft clouds o 'oo'
an birl the spindle
wi an artfu thoum.

Noo I can spin wi licht,
tirl the flichts o my finin
wheel, an whip the subtill
hues wi a siller threid.

Here in the cruik o the thorn,
 hung wi a thoosand warlds
that catch the silken colours
o the sun, is my loom.

When I wis there I gied Hell
   a richt redd up.
Pit a spoke in Ixion's wheel,
shone up Tantalus's tassie,
telt Orpheus there's nae lookin back.

I suin pit the peter on Cerberus.
Yon tyke wis jist needin telt.
Lets me bye noo, baith in an oot,
wi'oot worryin ony o's heids.

O course Hades himsel
   wis fair bumbazed —
niver kent that Hell
   cuid be that tidy.

Och, I niver mindit the puir bruit.
A wee bit houghmagandie,
an a clean sark eence a week —
he's weel content.

But ye ken whit mithers are.
   Siccan a tulzie!
Naebody guid eneuch for her dochter.

Sae, deil kens, it's up bye
tae gie her a haund
wi her spring cleanin,
an suffer a hauf year o her flytin.

Syne it's the back o the hairst,
an I maun board the ferry
back tae my ain guid man —
whaur he sits fidgin fain,
   — nane the waur
o a sax months' taiglement.

⤳ ARIADNE ⤳

The threid that reeled him in
has brocht me oot —
oot o the nairra mask
o thirled weys
tae the clear licht o day.

I spied him wi the lassies,
dandlin them on his knee,
mou-mapplin thir breists
like the great bairn he is.
Braw suitor for the King's dochter!

But heroes hae thir yuises.
I ticed him atween
cauld stane wa's, doon
an doon tae the centre
o my black dreid.

Derkness like midden reek,
beast swite an bluid —
ae stroke o the bricht blade,
ae skirl tae split the wa's.
The beast wis deid.

Noo I sit here on Naxos,
mangst myrtle an hinnied thyme,
an watch his black sail slide
awa doon the sun's track
tae the warld's end.

Barefit I'll gang my ain gait.
The hairst is come.
Frae maumie vines
wild music springs —
an I wid learn a new daunce.

He whustlit up the throstle, the blackie an the wren
frae whaur the wuids shak aff thir winter dool
an prinkle tae the rooketty-coo o cushie-doos.

A laddie smirkit an his lassie blushed.

He loused the simmer winds that pirl the gowden corn
an haud the lauchter an the giff-gaff o the hairst,
the cries o bairns at play, a mither's lullaby.
He tirled the runnin o the burn whaur broon troot lie,
an the hinnied hum o bees in the whin oot-bye.

Herd clinkit gless wi hind, baith weel content.

Syne pipit in the thin cauld cry o geese that threid
Orion's belt wi frost, an mourn the passin o the dyin year.

Freend claspit haund wi freend, a wumman grat,
an Marsyas kent fu weel that he had won.

It isna wyce tae whet the envy o the Gods
and mind them o the tedium o eternity.

NARCISSUS

10.39am, Sunday, 28th June, 1914

in April sun
white flocks of slow
fair-weather clouds
graze on the leaf
of birch and willow

as above so below

by the silver pool
where mosses grow
from a silken sheath
a lily with a golden eye
gazes on an eye of yellow

as above so below

across the sky
a slack-winged crow
beats the air where
a dew-drop hangs
from a drooping sallow

as above so below

the dewdrop stands
in the empty air
the willows freeze
the balance holds

and all is silence now
    silence now
as Echo waits in
    silence now

CHRISTMAS CAIRD

It widna hae been like yon —
yon Christmas caird
wi its gowd-limned edge,
its sweetie pinks an its bonny blues.

It wis dool winter, for a stert,
an a hard journey's end.
Sneckit doors an hard-nebbit faces,
'Nae room here! Awa doon the road!'

Nae capers under the mistletae,
nae robins, nae merry ringin
o Christmas bells — or cash registers.
Jist derkness, an straa, an childbirth.

An the beasts — douce kye on heavy feet,
great steamin flanks an weet muzzles,
hoolets in the rafters,
an the quick skitter o rats on the byre flair.

Fit did she mak o it?
Fear she felt, nae doot, an pain.
But thae fowk wi thir braw claes
an ootlandish ferlies?

Fit did she mak o it? Thae hill men
thrustin in at the door, the cauld
o the hichts on thir breith, crooks
in thir haunds an lambs in thir oxters?

Did she dree the road he wis tae tak,
or did she, like ony ither mither, kiss his soft
haunds an feet, takkin adoration as his due?

Lord, grant that it wis so.

The hills tae the West are grand hills.
They heise thir heids tae the lift
tae haud thir colloquy wi God,
caparisoned in distance, mist and mystery.

But the Angus hills are couthy hills.
They like fine thir ribbit corduroy
o broon ploo'd land, aa spriggit
wi white birds. They hae thir gear
tae haund — harra an coulter,
dung cairts an tattie boxes —
wi nae pretension.

When the teuchat cries the simmer in
they steek thir hems wi gowan an maisie,
coo-persley lace an cramasie o poppy.

They ken thir worth. When the days draa in
an the hairst is come, they show thir treasure —
girnels o spillin corn gowd,
amethyst o neep an Edzell Blue,
skeps o garnet rasps an brammles,
pendant black pearls o currants
an the hinnied amber o grosers.

Syne when cauld winter skirls an claas
at thir skirts, they hunker doon
an tuck thir sma toons
under thir oxters tae keep them
safe an warm.

The road spins up and leaves
the sea behind. At our backs
the land of commonplace,
of tractor and plough, byre and barn,
the smell of new-turned earth
and the frenzy of white gulls
above sun-red drills.

This is another land.
Birches entice with shivering light,
then ghost their way down storybook
paths. A land of small compass,
each speckled glade a ferny room
tufted with grass, freckled
with celandine and roofed
in green and gold.
A shadowed land of Shape-shifters,
Green Lady and Little Folk,
brownie and sprite
that rustle in the leaf mould.
            The air is soft and sweet.

Up tilts the road again
and the wind quickens
to the smell of spruce and pine.
Road becomes track, crunchy
and hard under our boots.
Suddenly we are into light
below a wide, wide sky.
The hills are brown and bare
under towering cumulus,
tier upon tier to the zenith.

Then up the last small slope
to the thud and rumble
of white water down below,

we walk like pilgrims
on the road to Zion,
on mica flakes that shine
and glitter, past ancient rocks,
cracked and fissured,

   and down there —
                the loch

      ink dark and cold
      like the eye of a shark,

      deeper than thought.

By the cliff tap
an stubble fields nae lark
sings, nae swallas zoom
an flichter ower yella corn
or purple tattie bloom.

Faur sea foam
birls aboot rocks unner
skirlin gows, black scarts
staund like maritime meerkats,
heids luikin aa weys till een
spies somethin that must be
telt — an he's aff!

Strecht as an arra,
no a yerd abune the waves,
wi urgent whips
o wing an streekit neck
he's aff — tae tell the news
or pass the baton in some
unchauncy relay race.

By the cliff edge,
shuider tae the cauld sea blast
the whin gies gowden pledge
that kissin's aye in favour.

A siller moch on the siller bells
o campion cups, ae cat's ear,
twa three sea-pinks
an, keekin oot ablow the toozlit gress,
a sprig o eebricht an a denty-lion.

The lichthoose sits
like a preen on the map
fixin the sea to the lift.
Pints a strecht finger
at white cloods
that steer ink sheddas
ower a wash o blue.
Twa inshore howes
quarter the field
for mackerel.
A sea-maw staunds
on the wind.

Tae the north,
ayont oor tidy toon
the shuider o the Ness.
Tae the suith,
the sheddit-in greys
o the shores o Fife.

An in atween?
Steen an watter.
Watter an steen.

Boulders drapt
fae the creep
o glaciers twal
thoosand years syne.
Pebbles an jetsam
bankt fae the pendulum
swing o the mornin's tide
and the wind's saft dicht
o dry saund ower
my fuitprints.

Sea-pyots pleep
at the watter's edge

as the sun winds doon
anither day
an the licht
fae the Bell Rock
ticks the seconds by
as the tide comes in.

the air is full
of torn white paper

gulls

of skimming tern

of cold splashes
of liquid

light

all shifting
rising

falling

here at the top
is solid ground
the air soft
heavy with scent
of thyme and
purple vetch

far below
the waves cream
and curdle
round red rocks

I lie with body pressed
to the firm ground
its bones, my bones

Grey lift, grey slates,
grey hooses by grey watter.

A sea o pewter sulks an slaps
a weet haund on the harbour wa'.

The haar has smudgit a grey barge
on its wey tae a grey toon
an rubbit oot the licht-hoose.

Oh, come awa, Sun!
Spill the beams.
Get oot the pents an hae a go.
Splash oot wi cobalt an cerulean.

Bring oot the cadmium
for the whin an touch it in
wi yer finest pint. Nae need
tae splurge — save yer yella
an yer muckle brush for May
when wildseed rape
hings oot its banners.

Gently noo, wi yer
saftest brush, warm
the hills o the distant
shore wi ochre, tint
the even wi a Turner
flush — an that'll dae.

Ae last thing —
scart a siller line
atween shore an sea,
scrieve in a puckle
birds —
   I'm weel content.

SEA-GAMES

Thir maun hae been a richt faa–tae
last nicht, a richt clatter-batter.

I heard them roarin fae the shore
faa–iver it wis, rattlin ma windaes.

Thiv flung badderlocks an blibbans
aa ower the links
an chowed skelps oot o the chingle.

Noo the saund is aa swep clean,
smooth as silk,
thir's sma stanes set oot

like pieces on a chess–board
ready for the next move.

CANNY NOO

Forfochen noo the sea
efter this week's brulzie
blate as a cat by the fire
disna ken the meanin o cataclysm.

Nae mair flingin stanes, tearin lumps
oot o the gowf links or peltin
the shore wi dulse. Fitna soss!

A saft thrum an lick alang the cliff fuit
an a low grummle fae the rock's cleuch
tae mind ye — watch yer manners!

∞ FETCH! ∞

the sea comes
lollopin

wallopin in
roon ma taes

huffin an pantin
bouncin an bummlin

hunkers doon
wammles awa

syne up it lowps
lauchin inta

the glisterin air
shoutin

Jist eence mair!
Jist eence mair!

CAA'IN THE BOATS

Arbroath boats

Here are fishers —
   no glib-gabbit makars.
They grip the sea's hairst
   in the wab o thir nets.

Hard wrocht chiel
   wi thows o airn,
thir leid no burnist
   wi ony buik leir,
they hae nae troke
   wi musardrie.

But in the howe o the nicht
   they rowe in *Lodestar* an *Pole Star*
Orion and *Morning Star* —
   tae kirsen thir boats.

Whan the sea-rouk
   blins the helmsmen
an spunedrift blaws saut
   in thir een,
They steik thir boats
   tae the hyne
wi wirds — *Scarlet Thread*
   and *Silver Cord*.
They ken the suith o wirds
   as weel as ony makar.

Sea-pyots paidle on the weet saund
an cast lang sheddas.
The licht, wae-wan wi the year's passin,
skinkles on the landbirst o the waters
an skails ower the sea's stent.

Time wis, lang syne, when man
had pheesick tae mak the warld
keep the gait, cantrips tae tether
the sun's runnin wi ropes
o mistletae an banefire smoke.

But noo that we hae nae troke wi weirdrie,
hoo shall we redd the seas
whaur selkies dwine an sea-maws
smoor in the guff an claggy fang
o man's contrivaunce?

Whit makar will wab new sangs
tae thirl us tae the sea's swey
an the warld's daunce?
The year rins duin, the sheddas growe,
sea-pyots paidle on the weet saund.

PICT IN A CIST

Forfar Museum

I don't know why he looks so cool.
Curled like a cat. Toes cast
casually aside. The swung arc
of the ribs like a boat.

You would think it would be
disconcerting to lie there
with no pretence of privacy
or hiding of the bare essentials.

He is there under the glare of the lamp
and the stare of the passer-by
with no covering of cloth, or skin,
or flesh, with such insouciance.

Perhaps it's the head. So elegant.
Polished. I should like to cup it
in the palm of my hand, trace
the delicate sutures of the skull.

He is too nice for such unseemliness.
If I bend down I can almost see
into the darkness of the skull.
But he is giving nothing away.

Gin yir oot
by the cliffs
for a dauner
an ye meet
someone there
on the wey,
thir's nae need
tae gae oan
aboot weather.
Jist say, 'Aye!'
Gie a nod
in the passin.
Gie a nod
an say, 'Aye!'
That'll dae.

Whan we meet
at the track
whaur it nairras,
atween stane
dyke an drap
tae the sea,
ye maun sough
a guid breith
o the kelp
on the wind,
jist edge
roon aboot,
wi a nod
an a smile.
But mind,
jist say, 'Aye!'
Dinna gae ower
the score.
Gie a nod
an say 'Aye!'
That'll dae.

I hang suspended
from my father's sure hand
   in my hammock
of four-ply knitted swim-suit.

Legs and arms sculling
in the sun-splashed water,
on strangely elastic shoulder straps
I yo-yo with every wave,
small starfish hands outreaching,
   my nose two inches
from his rolled-up trouser leg.

Strong and tall he stands against the sun —
   another Atlas!

   And for his favour
I face the chill North Sea
   and battle valiantly,
in fourteen inches of salt water.

Now I can see him at the water's edge
and wave to him from the breakers.

Strange to think he cannot swim.

PERVERSITY

for my mother — who always found reason to be glad

There's a primrose
growing in my garden.
It flowered in December.
I told it to keep its head down,
    that worse was yet to come.

New Year. It bloomed again.
A foolhardy frippery,
a light sulphur flicker
between cold stone
    and damp earth.

The clown is doing it again,
while winter throws buckets
of water and paper snow
    into its smiling face.

Sometimes I think
I'll just pick it —
    to teach it a lesson.

The branks is herd that ye pit me in,
the iron saut cauld on my tongue.
Ye hae bridled me wi yer flytin.
 I weary for plesour that's gone.

The blackie whistles the spring in,
the chirry in white is drest,
the sun has warmit the gairden wa'
whaur the wren has biggit her nest.

But frost may silence the sang bird,
an nip the bloom on the tree.
I dinna mourn for my lost love,
I mourn for the lass that wis me.

Her hands are surprisingly pretty
with their pink varnished tips.
They lie there quietly in her lap
innocent of purpose.

Come and see the photographs.
Look, there she is painting scenery,
fingers smeared with the gold
of Oklahoma *or* South Pacific.
Here she is with her model aeroplane.
That's her Air Force beau with her.
She'll be telling him how to fly it.
She sewed dresses, made hats,
built fireplaces, fixed tiaras
on brides' heads, arranged bouquets,
cut hair, took out skelfs.

Her foot is raised on the stool.
It is swollen and encased
in a baby-blue bedsock.
The zimmer is to hand.

Here she is tap-dancing
in black satin shorts
and steel-tipped shoes with bows,
entertaining the troops.
Here she is again in the back row
of the chorus. Smiling.
She could still kick her height
at sixty-five, when she was asked
to leave — although she looked
not bad in full make-up.
I bet they drew lots.

When they tell her I've come
her eyes scan the room

like a periscope — to locate me
in her needlepoint sights.

Look, here she is at the table
painting — harebell, comphrey,
campion and honeysuckle —
with the finest of sables.
She embroidered, made lace,
threaded needles, spotted
unwashed necks at fifty paces,
took things out of people's eyes.
Once mended a bride's veil
with a white hair plucked
from our mother's willing head.

Off we go for the afternoon
trapped in the car by showers
and the bed-sock. I take her
to wide views where cloud shadows
slide over high hills, and to farms
where there are goats to be admired,
white horses to be wished upon.
I point to buzzards flirting
and plunging above new-ploughed fields
but they move too fast
for her to find.

There's a picture of us both,
in the front row of the choir.
Always late, we used to run
every Sunday, through streets
spangled with sunshine,
then down through the dark tunnel
under the railway, skirts swirling,
high heels clattering, laughter echoing
before and behind from cold tiled walls.
In church our voices would soar
and dip like swifts under the high roof,
stitching threads of sound
into the tapestry of banded light
cast by apostolic splendour.

On the way home we sing —
we sing, we bawl, we shout —
hymns, songs from the shows
and the music halls, in a cheerful
cacaphony of half-forgotten tunes
and mis-remembered words,
in celebration or defiance of things
we recognise but never voice.

— ❦ — ON MAIRRIAGE — ❦ —

from the prophet Khalil Gibran

Noo ye hae gien yir wird
tae walk the same road —
guid an hertsome may the journey be.

Dinna fankle een anither's fuitsteps.
Let the licht o simmer's sun
an winter's stars daunce atween ye.

Fill each ither's cup, but dinna
seek tae drink fae the same cup
nor sup fae the same dish.

Sing an daunce tae the same tune,
tho' each maun hae thir ain notes tae
thrum thegither like fiddle strings.

Gie each ither yer herts —
haud them gentle, an ye will fin
a rhythm in thir beat.

BAIRNS

from the prophet Khalil Gibran

Yer bairns micht be made
fae the dust o the airth
but they arena clay.

They micht bide in yer hoose
mangst yer fixtures an yer fittins
but ye dinna own them.

Gie them yer love
clear the thistles fae thir path
but dae nae mair than pint the road;
for they maun find thir ain wey.

Ye may gie bield tae thir bodies
but thir souls live ayont the hills
o a morrow that ye canna see;

for life disna birl backarts
or gie a toss aboot yesterdays.

SELKIE QUINE

for my unborn grand-daughter — still asleep in her own sea-cave

Hush noo! Hush noo!
The selkie is sleepin,
in the derk o the sea-cave
driftin and dreamin.

Tae the slow shift o muin-tide
she's floatin an waitin,
steerin, an tirnin
an growin her toes.

Whit is she dreamin
there mantlit in derkness?
Whale sang or seal sang,
the screelin o gows?

She has heard voices
that tell her strange stories.
She has heard music
that livens her hert, prinkles
her fingers an kittles her toes.

She has been fish.
She has been selkie.
She wid be wumman.
The spell is near done.

How will they greet her,
this lintie amangst them?
They'll bring her braw dresses
an hap her in kindness.
They will bring farin fit for a queen.

They will teach her tae wab
a fine net o language
tae capture the hawk
an the hare on the hill,

tae gaither the harebell,
the maisie, the gowan,
gowk's hose an hen's taes
the groser an rasp.

In the derk mirk o winter,
the high bleeze o simmer,
they will teach her tae walk,
they will teach her tae daunce.

Hush noo! Hush noo!
The selkie is sleepin,
in the derk o the sea–cave
driftin and dreamin.

Tae the slow shift o muin–tide
she's floatin an waitin,
steerin, an tirnin
an growin her toes.

Chap at the door, keek in,
lift the latch an walk in.

Sit in aboot.
Here's aa ye need —
Cullen skink an potted heid,
hairy tatties, cream crowdie,
mealie pudden an howtowdie.

Pit oot yer haund —
ye'll no be sweir.
There's Irn Bru an ginger beer,
clootie dumplin, brisket breid,
pairis bun an sair-heid.

Gin ye're mensefu,
no ower surly,
ye micht get a curly murly,
granny's sooker — mair than that
— ye micht get a pokey hat.

Mak the maist o aa thae denties.
Stick in, ma lad, ye're at yer auntie's!

Today there is a presence in this house
that wasn't here yesterday.
There are strange breathing sounds
from the darkest corner of the room,
small stirrings and then the silence
that tells you that — someone is listening.

Yesterday at the dinner table we were four.
Then midnight opened the door to a fifth
dimension, a new thread in the cat's cradle
of relativity. There will have to be adjustments
and negotiations until we find out who is there.
But so far we haven't even been given a name.

There has been bitter wailing
from an upstairs room, rage at the swift
expulsion from a place where every need
was met, a place with no sharp edge
or sudden sound to frighten or dismay,
only steady tempo and a pliant ease.

The fingers move like sea anemones,
weighing the air's insubstantial currents
against the dark humour of yesterday's
confinement. The mouth puckers, tasting
the unfamiliar scents of red wine and whisky,
baking and perfume, roses and — milk.

The eyes slip to and fro, gazing intently
at the nothing above my head. A knife clacks
against a plate. She cries. I lift the small bean-bag
body to my shoulder. She moulds her shape to mine,
warm cheek at my neck. All thinking stops.
Her breath in my ear as we melt into a croon.

BALMERINO

C'wa wi me tae Balmerino wuids.
Stey quiet there, knee–deep in bluebells
mangst the trees an let aa senses sweem
like nimmle fishes in a sea o blue.

Tak tent an hear the croo o cushie doo,
the cheetle o chaffie and the pipe o wren,
awa in the verra hicht o the tallest beech
the caw o corbie, an the jackdaw's kek.

Syne hunker doon unner the vaulted green
o leaf an branch, spy oot the hidden gems
o speedwell, tormentil an celandine.
Tak in the warm breith o the livin airth.

Come doon the brae, feel saft ablow yer feet
a hunner year o simmer sun an growth.
Quicken tae drifts o meysies on the banks.
Staund — an let yer heid dinnle wi the smell.

Step doon onta the shore whaur Tay an lift
hae taised the silken colours o the sun,
feel the slow scrunch o sand aneath yer buit,
taste on the wind's blade the cauld saut o sea.

Noo, come up bye, tae cloisters roofed in sky.
There, atween pleep o sea-maws fae the shore
an the high choir o bats — there is a space
whaur ye will fin the orisoun o silence.

Wide sea and wide sky,
 seals on the sand-spit singing.
Gulls swing in on the wind
from the hills, over rippled sand
and ebbing tide. A dog barks
in the distance over a heap
of black seaweed sprawled near
the water's edge. Oyster-catchers
rise in a storm, take themselves off
out of harm's way, settle again
about their business. We track paws
and trainers along the damp sand
and stop.

The heap ripples and hums, iridescent
under the sun, a mat of shifting, heaving
flies, in a frenzy, an orgy, an orgasm
of feeding, of savage wanting and getting,
of gorging, of blind joy — bluebottles,
Musca vomitaria. Indeed.

And under it — the corpse,
a large black leather pouch
of rotten, stinking flesh.
From every orifice there seep
strange liquids, thick — and purple
as wine, like a leaking bin-bag
with a beaked snout — a porpoise.
So this is what death looks like
when there's been no tidying.

I have never, I say, seen the skull
of a porpoise. She looks up, hears
what I do not say, smiles, brushes flies
from her face, says the unthinkable.
'Do you want it?'

I like skulls.
A marriage of shape and function,
designed for the job. I have one of my own.
In addition to that I keep some
on my window-sill, a fox with splendid
cheek-bones, canines to die for;
a rabbit sits alongside; a sea-bird, paper-thin,
full of air. I like their bone cleanness,
the logic of their architecture.
I draw them, put them in my paintings.

But this is different.
We comb the shore for razor-shells,
ice-brittle, ice-sharp, and then her hands saw.
My daughter's hands saw. Hands that I've known
since they were pink prawns in the palm
of my hand, washed, put pennies in,
suddenly in command, sawing at something
thick like a hosepipe, fingers burrowing
in purple wetness and slither with just a gleam
of silver ring and pink nail polish.

Musca vomitaria is all around. Buzzing
with black indignation, crawling
over the backs of her hands. The stench
is monumental, Olympian in its grandeur.
It's too late to say forget it.
Let's go home. I've changed my mind.

My gift is buried now under the beech tree
in my garden, under two feet of earth
and slabs to thwart the foxes.
Its head is full of other things
than dreams of wild seas teeming
with fish. *Musca* will have their fill.
When their feasting's over I'll bake it
in the sun and place it on my window-sill.

It will sing me songs
of green light in deep waters,
of wide sea and wide sky,
seals on the sand-spit singing.

I met him each evening,
    my cool gentleman,
at the head of the stone stair
    and gave him kindly greeting.

He lay, a small finger
    of translucency,
horns probing the star-hung air
with infinite delicacy —
    an elegant acquaintance!

We held nightly discourse.
I looked for him
    on the way home.

We surfed the great web of light,
    thrummed in harmony
to the music of the spheres
    in a shared epiphany.

From close points
on the co-ordinates of space
we tracked the silver
    pathways of the stars.
Congenial acquaintance!

But then he brought his friends and I
— kept thinking of stepping
    on one in the dark.
Of flesh against flesh.
    Too close an acquaintance?

So I scattered salt —
    with apologies.
The outcome's not elegant
and a harsh punishment for
    a little presumption.

When the Lord created Heaven and Earth
he did the work richt brawly,
sae hoo in aa the wide, wide warld
did he mak the creepie-crawlie?

My hert gaes oot tae the hawk i' the lift
tae the fishes in the sea,
but the love o the horny-golach
is no for the likes o me.

There are some o God's craturs that I may lo'e,
an ithers that I may thole.
It grieves me that o Creation's wark
I canna lo'e the whole.

I maun try my Makar's patience
for I'm awfu slow tae learn
tae lo'e aa men like brithers
and no wish the wicked herm.

'Tae ken aa's tae forgie aa,'
I've heard an maun tak heed,
but it's hard tae cry doon God's benison
for purveyors o spite an greed.

Sae come ye here, Wee Horny.
Na, dinna skitter awa,
an I'll admire yer six braw legs,
gin ye'll forgie my twa.

Thir daein it again.
Thiv sookit oot ivry last drap o juice
an drappit thir lavins inta ma gairden.
The chestnut's the wurst. It's clappit
its muckle yella haunds aa oor ma drive
      wi nae apologies.

The sycamore, wi'oot as much
as by yer leave, has shakkit oot
its mop–heid o whirligigs
onta ma grass wi ivry intent
o makkin a forest. No tae mention
      the squirrels.

Thiv nabbit ma conkers an left
a trail o peelins richt by
 ma front door. The doos are mair
mensefu tho. They hoover up aa the moolins
afore onybody else
      can mak a slaister.

But the slugs! They wull tidy
onythin awa like stour.
Last week's ornamental cabbages
pint nakit stalks towards the sky
— giein me the finger.
      Noo *there*'s tidyin for ye.

I cuid see by thir trails in the daylicht
that they maun hae been haein a ba'.
They'd birled aa aboot on the concrete slabs
an richt up the sheddie wa'.

Sae I passit my time till midnicht
wi a bottle o barley-bree.
I crept doonstairs by the licht o the muin
tae sample the jamboree.

The slugs did the Dashin White Sergeant
an paddy-baa'd there wi a will
while the cleg sang the notes o the pibroch
tae the beat o the chackie-mill.

Jennie-hunner-feet tackled a conga
wi mony a knackety ankle,
till a threid o immocks got lost in the grass
an rowed the hale line in a fankle.

Daddy-lang-legs attempted a clog daunce
but wis fell sparrabaldy for yon.
The wabster got aff wi the wee hairy oobit.
In the wink o an ee she wis gone.

When the midgies an mochs boogie-woogied,
I decidit tae caa it a day
an leave them aa rompin an stompin
at thir local slug soiree.

Gin ye're dootin the truth o my story
ye maun look at the tracks they wir on.
Ye can tell by the signs o thir feastin,
for my lettuce an persley are gone.

Kestrel   *Falco tinnunculus—adaptation of lenses and receptors for distance. Sensitivity to ultraviolet (reflected by urine).*

Kestrel traces the piddle track,
nails the vole
half a mile down
in the barley.

Little Owl   *Athene noctua—eyeballs occupy one third of skull, leaving little room for brain. No colour vision.*

Owl looks night
in the face
from a black and white set,
hoots at the notion
of technicolour.

Bluebottle   *Musca vomitaria—compound eye constructed of multiple lenses, providing numerous versions of the same thing.*

Bluebottle sees a thousand
versions of the dead crow.
Rubs his hands in glee.
Must be a poet.

Chameleon   *Chamaeleo Chamaeleon—eyeballs independently controlled.*

Chameleon looks both ways at once,
unwraps a finger carefully
from the fig tree branch,
— shifts,
then decides it isn't
worth the bother.

Four-eyed Fish   *Anableps anableps—retina divided horizontally.*

Anableps scans above
and below the waterline
in two minds as to
what is to be for lunch.
The net drops.
The matter is decided.

Mantis Shrimp   *Lysiosquilloides mapia—ten types of colour receptors.*
Can perceive innumerable colours not available to the
human eye.

Mantis shrimp
on hairpin legs
 looks —
amazed!
He has unzipped
the rainbow.

Octopus   *Octopus vulgaris—eye almost identical to the*
human eye. Highly developed intelligence.

Octopus looks at me,
as I look at him,
with a certain degree
of benevolent
incomprehension,
tiptoes discreetly
off along the ocean bed,
pours himself
into a hole
the size
of a wedding ring.

Nae a soond, nae a soond
but the sough o the wind
as it skimmers thru gress
    in Prosen an Clova

Cloud sheddas slip ower heicht an howe
whaur bizzards glide agin the lift.

Nae a soond but the wind
an the plaint o the whaup
frae the open strath
whaur loupin lang lugs
seek thir mak
    in Prosen an Clova

Doon by the brig whaur may-fly swarm
Lang Sandy stands an bides his time.

Nae a soond but the wind
an the plaint o the whaup,
the chirl o watter,
the croodle o doos,
the kek o kaes, the cletter o pyots
frae the tapmaist trees
    in Prosen an Clova

In flichtersome shade in the birken wuid
a rae deer sterts an lifts her heid.

Nae a soond, nae a soond
but,
    'Cuckoo!'
It rins thru the wuid
tae the sunlit hills
like the peal o a bell
    'Cuckoo!'
    in Prosen an Clova

Spring is come, the hale warld rings
wi the plaint o the whaup,
the chirl o watter,
the croodle o doos,
the kek o kaes, the cletter o pyots
frae the tapmaist trees,
the pleep o teuchat,
the cheeple o wren
    in Prosen and Clova

The siller threid o the lairick's trill
windles airth an lift in a rapture o sang
    in Prosen an Clova.

UNDERDOG

Your chains gnaw at my flesh,
my ribs crack
        under your boot.
You bed me in filth
and throw me the scrapings
        from your cooking pot.

Good.
        I feed on them.
I feed on the smells
in your kitchen —
        and grow big.

I will grow strong
as Cuchuillan's hound
        and rend your pillows.
I will show my long ears
and teeth and swallow
        your grandchild.

Tomorrow is bone day.
I will crunch the bones
in my great jaws
        and suck the juices.
I will crack knuckles and vertebrae
        like biscuits.

I will lick and lick
with my pink tongue
in the hollows of your eyes,
in the bowl
        of your skull.

I will savour
        your kingship.

Fit are ye daein here
    six feet on the grund
mangst aa thae blethers?
Ye're ower brawly dressed
    in yer fine tail coat
for these proceedins.

I've risen twice
    tae pit ye in yer place
ahent the logs i the lum
and here ye are again
    takkin the flair
wi lacquered presumption.

Sae, fit ist wi
yon Siny Theezia
that ye hae? Ah says.
Weel, he says,
gin sumdy speaks
the wurd Tuesday
Ah get the taste
o custard
in ma moo
an that wid be
jist hunky-dory
coz Ah like
custard, but no
gin sumdy says
ur ye gaein tae
the match on
Tuesday an Ah'm
eatin mince.
It jist kinna seeps in
an yer no awfu
shuir fit's gaein oan.
                    Ah ken fit ye mean,
                    Ah says.
                        But Ah didna.
Sae fit ist wi
yon po–ittrie,
that ye write? he says.
Weel, Ah says,
Ah micht stert tae
write sumphn
aboot mushrooms
or fush
but the wurds
jist seem tae slide
inta sumphn else
that Ah didna ken
Ah wis thinkin
aboot.

It jist kinna seeps in
an yer no awfu
shuir fit's gaein oan.
            Ah ken fit ye mean,
            he says.
                But he didna.

Sae ye think that I hae a tongue in my heid?
I maun tell ye that I hae twa.
Thir's een that I yaise for the ivryday
for the newspapers an the radio
an the notices on the wa.

It gies me the facts o the ivryday
an fit's gaein on in the toon.
It keeps me abreist o metters o state
an fa is leevin an fa is deid
an it's kent the hale warl roon.

'An fit o the ither?' I hear ye say.
'Is it fancifu, magic and rare?'
Weel, ye micht weel say that
for it's true it casts spells
but tae me there's aye somethin mair.

When I hing oot the sarks on the washin-line
or sotter the stovies for tea
the wirds in my mou pluck a string in my heid
that plays me a sang o an ivryday warld,
o a warld that yuist tae be,

when neebours wir neebours wha kent wha ye wir
as they passit the time o day
an wir quick tae come roon wi a helpin haund
wi a hansel o neeps or some new-made jam
or a couple o haddies for tea.

Syne thir's the needfire o music that kindles the spark
whaur the names play a tune o thir ain
wi the lilt o the lintie, the blue grass o whaup
the hip-hop o puddock an spug
that sterts a sweet sang in my brain.

Last night it gleamed.
It flickered in and out
of the shadowed weed
inside the fish-bowl
showing great promise.

We looked at each other
eyeball to eyeball, and decided
that we were good. I fed it exotic
titbits gleaned from the shelves.
I may have overdone that.

Now it is lying on its side
on the water, gaping at nothing,
with no hope of resuscitation.

When I pick it up it slides
from my fingers to the floor.
The fish is on the carpet.

Have a look. Glazed, carpeted,
floored — dead. Like a small
dull, shrivelled leaf. Now I shall
have to be out and about
to find a replacement.

COURTESIE

I sat in by the gairden wa'
an watcht him dig.
I watcht his workman's haunds
lowse the tattie bag
an haud each een
cradlit in courtesie,
to set it in the warm airth
like an egg in a nest,
an lap it under.

Noo I watch the men
lay thir spades aside,
hap a new-dug grave
wi a green cloth,
thir workmen's haunds gentle
as a mither wi a bairn.
They crack quiet-like
o fitba an the weather,
comfortable under the sun.
A blackie pipes fae the aipple tree
an eyes the new-turned airth.

WEEDOW BURDS

We are na black burds.
Oor feddrame is bricht
an graithit wi gems,
oor taes lacquert in reid.

We flock inta
the suddren sun
tae streetch oor wings,
tae wheetle an sing.

Under the stars
when the lichts
are dim, we daunce
wi sheddas.

We took him into the hills
in the sunlight under scudding clouds
amongst exulting skylarks
and the comfortable bleat
of slow moving sheep.
It was just perfect.

His voice from the back seat
complained, 'Why are we here ?
Where are we going?'
'Well,' we said patiently,
'Where would you rather be?'
The answer came both firm and clear,
'Anywhere but here!'

It seemed churlish to cold shoulder
his ashes, to leave them to be
swept away with no regard.
The ugly plastic urn sat
waiting behind the door —
reproachfully — but with no easy
answers.

Then we had it. East Fife poppies,
tales of happy holidays as a boy,
buckets and spades, donkeys.
We drove for hours.

The sun shone, clouds scudded,
scarlet poppies danced their socks off.
It was just perfect.
A voice from the back of my head
came both firm and clear,
'Anywhere but here!'

It's back behind the door now,
but not so full. Now and again

when I plant things in the garden
I dribble in small amounts at the roots —
cautiously.

There seems to be a great deal
still to be dealt with — but so far
there has been no complaint.

LAMENT

The bonnet fir fell tae an autumn blast,
the rowan tae winter's lay,
an nae birds sing in the gairden noo
whaur eence the flooers wir gay.

The fir tree whispered the sang o the wind,
gied shade when the sun wis high,
scentit the air wi its rosin sweet,
stuid tall against the sky.

The rowan tree stuid at the gairden wa'
tae keep us frae goblin or wicht.
It tirled tae the sang o blackie an wren
whaur they pickit its berries bricht.

But the bonnet fir fell tae the autumn blast
the rowan tae winter's lay,
an nae birds sing in the gairden noo
whaur eence the flooers wir gay.

I wasn't expecting it
not here   not here
amongst the hair-dryers

in the far corner
in a mirror   in a mirror
there she is
               looking
paying attention
               looking
the profile unmistakeable
               big sister

I lean forward
               for a better look
and she does too
               paying attention

and there behind me
in a mirror   in a mirror
the back of *his* head
unmistakeable
               big brother

strange place for a family
gathering but
               on reflection
it's good to know they're
               still about

AGIN MISCHEFE

ab initio

In the crack atween
here an there
atween the cryin
an the kirstnin

they come

I'll gie ye a hansel o siller
an a drap o haly watter

❧

midnicht

In the gap atween
noo an then,
when it's naither
the day nor the morn,
atween the strike
o the midnicht bell
an the hearin o't

they come

I'll gie ye a reid ribbon
a sprig o rowan
an the Guid Buik

❧

Yule

In the crack
o the open door atween
the Auld Year an the New,

atween the ingang an the ootgang,
when derkness is bool-hornit
an the nicht is lang

they come

I'll gie ye the cream o the well,
a reid herrin, an a bairnie
in a byre

꽃

Pasque

In the arch o the heel
an the toe
o the sun's daunce,
when bauds gang gyte
an lift thir lugs abune the rigs
an ilka lad an lass
in the bluebell wuids
is in a ree,
in atween the twa lichts

they come

I'll gie ye a rabbit's fuit,
a cup o wine, some breid
tae brak an a wuiden cross

꽃

Solstice

When midsimmer-eve
tirls wi glamourie, an glimmers
wi unseen wingit things

that flichter in the trimmlin air
an the sun steps
naither back nor forrit,
in the crack in the shell o time

they come

I'll gie ye a bunch o ferns,
St John's wort
an three nails o iron

ⴽ

Hallowmas

At the back o the hairst
when the Carline's cut,
atween the bleeze
o the Hallow-fire
an the derk o midnicht,
when bats flit
an hoolets scraich,
in the crack
atween plenty an dearth

they come

I'll gie ye
a puddockstane,
a puckle saut an garlic,
an a paternoster

ⴽ

finis

In the crack
atween the ebb an the flow
when the caunle burns low,
warm bluid growes cauld
an yir breith gaes oot
by the open door,
when I lowse the knots
o yer windin sheet
tak oot the nails
frae yir coffin lid,
an yer haunds are tume

they will come

In Maeshowe
sleep the auld banes
cauld as deith.
Stane has peened
doon the derkness,
buried it under the wecht
o a thoosand years.

Bye comes the sun —
pokes his finger in,
gies it a steer roon
an backs aff for
anither twal month.
Jist clockin in —
as ye micht say.

Syne, awa ootbye,
streeks a lang thoum —
an dichts the stour
aff life's watchspring
carvit on the wa
o a deep cave
in the High Andes.

Whiles I think
he'll tak a scunner —
find ither fingerholds —
an bool us doon
the alleys o the nicht,
coupin Venus, Mars
an Mercury like skittles.

Banes will skail
oot o Maeshowe
like dice frae a tumbler,
an gae dirlin
through the galaxies
mangst aa the cogs
o time.

'The ashes of the loved one may be scattered in the rose garden.'

I don't think so.

The gardens are neat
and sweet with the scent
of pink petals and other things.

It's not that I should mind
returning to the earth.
I should be in my element.
But not here.

Here — where hearses swish in *with*,
and out *without*,
at half-hourly intervals.

Silent groups with grey faces
ebb and flow,
hung with the weight of grief
or circumspection.
No-one shouts or raises
fists to the sky. No-one
ululates or howls,
beats breast
or slow drum.

Beyond the gates
and high fence, boys play.
I can hear the glad crash
and clatter of skateboards,
the whizz of bikes,
the shouts of glee, of anger,
of triumph and despair.

You would have to get me
out of here.

*'Carbon extracted from the remains converts under heat
and pressure to graphite.'*

I could be graphite.

I could slip onto white pages
and woo you with words,
finger my dactylic
harmonies,
perform on quick feet
with iambus
and anapaest,
enchant you
with my sprung rhythm.

Or

I could delineate
con brio,
adumbrate
your darker parts,
minify your
negative spaces.

I could
render texture
and form —
free
to draw,
from a new perspective,
my own
conclusions.

'Graphite subjected to intense heat and pressure
converts to diamond.'

I will be diamond

I will shine
and sparkle
in smart company
I will have edge

I will sit
on your finger
at parties and twinkle
and wink
at gentlemen

I could be
marquise
or princess
     with such cut
and polish

I will scratch
but only
     by design

I will be brilliant
     — just wait
till you see
     my facets

above all
     behind the edge

I will have fire

'The ashes of the deceased may be mixed with gunpowder
and launched as a rocket'

I would go whoosh!
I would rocket into space

above Tentsmuir
and Tay

I would go
     bang!
I would go
    snap
    crackle
       and pop!

blaze into a thousand
stars over road bridge
and rail bridge
waken the night sky
from Lomond to Sidlaw

I would be carline
need-fire
     bone-fire
float in a thousand
     thousand motes
drift with the wind
    at my back,
over seal bed and ship track

then North over Barry
and North over Lunan
slip like a cloud
over hill
over furrow
over harbour
and haven
from Buddon
to Scurdie
drop down like
a soft rain
on roof-top
and steading

fall like a benison
over the land.

'Sin!' dae ye say?

Weel, I should ken aa aboot it. I wis there richt frae the very stert. But it wisnae doon tae me. If they'd jist kept quiet, naebody, an I mean Himsel, wid hae been ony the wiser.

But no, it wis lauchin an scraichin an loupin aboot roon the groser bushes. Ae bite frae the aipple, I can tell ye, an they went fair gyte. First it wis kittlin an touslin, an syne it wis daffin an graipin, then houghmagandie an mixt moggans aa ower the Laird's gairden.

They wir in a richt ree an fell ayont gumption. The noise wis enough tae wauken Himsel. Which it did. An he wis no that weel plaised. But things micht yet hae gane weel enough had yon ba'-heidit gomeril no clappit a docken leaf ower his tossil when he heard the voice o the Laird.

Weel, that wis that. The ba wis on the slates.

'Whit,' thundered the Laird, pintin wi his Richteous Finger, 'is that for?'

And yon great doitrified gowk forgot he wis hauden a docken leaf and stertit tae gie the Guid Laird a lesson on fornie. I cuid hae gaun thru the grund. But the wummin stertit tae smicker, the mannie stertit tae snirt ahent his ither haund, an I jist crept awa ahent the privy hedge an waitit for the Wrath of God.

And lo! The Wrath of God was upon us.

Whit a wey o dae'n!

The mannie pinted at the wummin an chuntert, 'It wis the wummin!'

The wummin pinted at me an skirled, 'It wis the sairpent!'

The Guid Lord glowered doon at me. He wis jist *bealin*!

There wis nae muckle need for him tae say onythin.

We wis aa pit oot.

There wis tae be nae mair daublin aboot pluckin fruit frae the trees wi aathin providit. Na, na! Ilka een got wir ain condampnation. For the mannie it wis tae be the swite o his broo, tae delve and darg amangst the wrack o thissels an jobies. For the wummin it wis tae be cryin labour an a sorrowfu childbed.

'I will multiply your sorrow!' He telt her in His Richteous Wrath. She had nae spae-craft tae gie her foresicht an we maun thank the Guid Laird for that. Sorrows she widna need tae seek.

But me? Me? Me, wha niver touchit the dampt aipple? It wis me that got the dirdum o't! He fair caa'ed the legs frae me.

'Come you here!' says He. 'Cursit are ye abune aa cattle! Upon yer belly ye will go. Dust will ye eat for the rest o yer days!'

Me? Tae craal aboot the airth on my belly! Forbye, there wis tae be nae mair claik wi the wummin, says Himsel. 'I will pit an enmity atween ye an the wummin.'

Weel, by the cruik on the mou o her, she wis there afore Him. I cuid see we wisna jist joco. I wid get nae cuttins there. Tae speak plain, I wisna that weel plaised wi her mysel. Sae I jist slippit awa.

I went an lay by the side o a bonnie burn, weel oot o the wey o ony mair hairm. I restit in amangst the gowans under the bour-tree an cam tae, listenin tae the rooketty-coo o the doos. I wis fell dumfoonert wi aa thae ongaeins but the warld didna seem sic a dreich place, sae I jist made mysel snod there an waitit for aa the camsteerie tae calm doon.

Noo, I hinna gotten a muckle heid, an, I daresay, there's no a lot o room for buik-leir, but I canna mak heid nor tail o this 'sin'. Wis it the aipple? Wis it no daein whit we wis telt? Wis it somethin tae dae wi yon docken leaf?

Onywey, as ye may surmise, efter aa thae tail-toddles amangst the groser bushes it wisna lang afore the wummin grew muckle boukit. Puir mannie then! Coorse he didna ken whit ailed her. But it wis, 'Mebbe I'll hae a wee bit codlin an a puckle syboes' or, 'I could fair go a partan-tae, an mebbe a handfu o buckies wi some lickerey-stick.'

But syne it wis the doon-lyin.

'In sorrow will yer bairns be born.' The verra wird o the Guid Laird in aa His Infinite Mercy.

And sae it wis. The puir wummin had a sair time o it. An nae howdie-wife tae aise her labour. As for yon sowf — he jist stuid aroon like a soukin teuchat lookin as if it had naethin whitiver tae dae wi him.

Aa nicht, frae the first darkenin till the scraich o day yon puir lass laboured. Aa nicht while the mune an stars slid across the great howe o the lift she warstled. Syne, wi the first glisk o licht on the easins the bairn cam hame.

Coorse at first they had nae notion whit tae dae wi it. But the littlin stertit tae greet an the wummin gaithered it tae her bosie an the bairn kent whit tae dae.

He wis a fine wyce-like bairn. A wee bit girnie — but then ye hiv tae mind there wis naebody aboot tae gie them a haund in thir bran new warld. They wis gey taen up wi gettin thirsels sortit, an thir wis no muckle time left for cuddlin an kittlin an diddlin on the knee for this laddie . Mind tae — nane the wan o them had iver *been* a bairn.

Still an aa, he wis a weel cared-for loon. An they caa'd him Cain.

I hae tae gie it tae the mannie. He wis richt knackie wi the tools. A braw pair o haunds. In nae time ava he'd taen his weidhuik tae aa the thissels an the jobies an noo whit a fine kail yaird he'd made o't aa! He had his tatties an his ingans an twa three rows o curly kail. He had his rasps an his rewbard an a hale tirless hingin wi plooms an brammles. An doon the side the wummin had howkit awa an pit doon lilies an hinniesickle, mariguilds an maisies.

At the hicht o simmer, wi the sweet green gress under my belly, the warm sun, an the hinnied smells, I cuid hae been richt back in the Guid Laird's gairden whaur we'd aa stertit.

But syne it wis the back o the hairst an the nichts were draa'in in. Wi the comin o the caller air the mannie must up an big a howff tae keep them aa warm an tosie. He sat for mair than twal oor, draa'in pattrins on the grund. He tried aik an alder, fir an birk. At the darkenin o the day he stuid tae his feet. He noddit. He wis a man o few wirds. But the wummin kent it wid be aa richt.

In twa three days he had the ruif-tree up an the cabers laid. By the saxth day he had biggit a canny wee hoose weel theekit wi divots back an fore. Come rack o win an pelt o rain they wid be weel happit. The wa's an the flair wis lined wi clean strae, an the wummin had strinkled the flair wi aippleringie an leddy's bedstra. On the cauldrif nichts, wi the mannie stokin the fire, an the wummin wi her bairnie at her breist, i' the lowe frae the ingle, they wis gey content wi thir ain wee warld.

In the laft, in ablow the riggin-heid, I had my bield.

Weel, it wis a fell lang haul till the mirksome days lichtened an the sun heised itsel oot o the howe o winter. But the mannie had seen them weel plenished wi aits frae the infield an they had farin enough. There wis parritch an bannocks, creeshie-mealie an skirlie. When the palie ewe smoored in winter's last dooncome o snaw, they had sheep's heid broth an mealie puddens wi tatties an neeps!

Afore lang the days had grown lichtsome, the blackie wis whustlin frae the ruif rig, the cushie-doos were rooketty-cooin doon the lum, the grund wis reddit — an the seed wis plantit.

An the bairn? He wis a braw wee loon wi a straucht back an dark hair jist like his faither. He had the bonniest pair o dark broon een that seemed tae be luikin an luikin tae tak aathin in. Naethin went by him. His mither wid tak him on her hip doon the yaird an oot ontae the lea grass an she wid name ilka floor, jist as the mannie had nameit the beasts.

She showed him hens' taes an gowks' hose, tods' tails an lambs' lugs, an he blew the white heid aff the denty-lion an touchit his tongue to the soukie-sourocks. She held yellow gowans under his chin an kittled his neck wi shakkie trummlies. In the bleeze o high simmer they played an they laucht, an it wis diddlin an dandlin, an my wee lamb, an cushie-doo.

It micht hae been Paradise itsel!

Syne cam the hairst o the seed that wis plantit.

An it wis tatties an neeps an aits in plenty. An it wis aipples an chirries, an grosers an brammles. An it wis greetin an scraichin an aathin in a stew. Somethin wis ailin his mither! When he wis let in at last tae his mammie — his place wis taen by an ugsome, bap-faced, girnin incomer.

His place! At her *breist*. In her *bosie*. *His* place!

Sae, simmer had gone an the days drew derk an there wis tae be nae mair nuzzlin in wi his cheek agin her pap tae tak his fill, while she cuddlt him against her hert. Noo it wis — dinna bubble, stop yer wheengein — an steepies an parritch.

Weel, ye've aa seen it. The new bairn comes an the elder gaes tae the wa'. It's aa cheek-chumpie an wee darlin — an they niver see the first laddie hingin on his mammie's skirts — an him but knee hecht.

Och, they didna mean ony hairm, an if ye've niver been a bairn yersel mebbe ye widna ken. He wis pit in the stirkie's sta', aaricht.

Still an aa, Cain wis a weel-nettered chappie an he wis canny enough wi his new sib. Mebbe jist a poke at the wee mannie in the passin, an a fell hearty grup when he got tae haud him.

Onywey, things micht hae been waur. The new bairn wis sic a blithesome chiel he wis easy tae tak tae. A steerin wee chappie, he wis intae aathin. No sae douce as his elder brither, he had them aa on the go. Wi bonny blue een an hair the colour o ripe barley, he taen efter his mither. An they caa'd him Abel.

They were twa braw laddies, an for aa thir differences, they kept gude pairt, een tae t'ither. Whiles Cain micht hae tae catch his brither by the sark tail tae keep him frae hairm, for the wee deil wis as quick as a foumart. An whiles they wid warstle when the wee birkie got jist a bit impident wi his elder. Whit mair can I say? They wir brithers like ony ither.

As the years gaed on Cain taen tae workin wi his faither in the field, whilst the young een wis sent ootbye tae herd the sheep. Abel had made himsel a whustle carvit oot o the rodden. In late summer as Cain an his faither cut an gaithered, whiles they wid hear the whaup frae the hillside an the cheetle o the hird's pipe. As the last licht sclentit ower the stibble they micht hear it chirplin tae the wummin's singin whaur she had gone tae meet him, an they wid come linkit doon the wey.

It wis hairst time eence mair.

Noo, I maun tell ye — yon Abel wis a braw loon but there wis times when, bein his mither's pet, he gaed ower the score. Gey flea-luggit whan it cam tae conseederin hoo his deviltries wid skaith ithers. Nae hairm in him. He wis jist needin somebody tae pit the hems on'm. Weel, his time wis nigh.

The hairst wis aa in. They wid hae thir meal an ale — an maun gie the Guid Laird thanks for His bounty.

Cain had been oot in the field aa day an noo he wid mak a braw hansel tae the Laird. He washit his haunds an whan the table wis set in the gairden he laid oot the fruits o his wark. There wis reid kail an green kail, pea-cods an ingans, an weel-scrubbit tatties an neeps. Tae tap it aa there wis the bonniest reid aipples — aa buffit up tae look thir best. He wis that prood.

Abel had brocht a tup-lamb an his mither had sprunkled it wi yerbs, an roastit it. The smell o the meat wis makkin them aa faimisht. An they bowed thir heids an waitit on the Guid Laird.

Bye He cam an walkit roon the table.

He lookit at the roastit lamb an sniffed its gustie smell. 'Ye've duin a grand job there,' says He. 'I cuid fair sit doon tae that mysel!'

Syne he walkit roon the back o the table an lookit at whit Cain had set afore him.

He lookit at the reid kail an the green kail, the pea–cods an the ingans, the weel–scrubbit tatties an neeps, an the weel–buffit aipples.

An Cain waited for the Word o the Laird.

'Imphm!' said the Guid Laird. An walkit oot.

Cain wis oot o himsel! Whit wis adae? He went ower tae the table whaur his bonny fare sat prood. Syne he walkit roon the back whaur the Guid Laird had stuid.

Out o ilka aipple — oot o ivery bonny reid aipple — somebody had taen a muckle bite!

An the clean white flesh had aa gan broon an moulie–lookin.

Cain let oot ae great roar an wis oot the door an up the hill like blue stour.

Abel wis ahent the wa' o the sheep bucht lyin in wait, an lap on his back as he cam bye. He wis lauchin. They warstled tae the grund. Cain wis strang but Abel wis quick.

He hid Cain peened doon. He widna let go. An he wis lauchin!

Scrabblin fingers in the dirt fund a muckle stane. Cain gae a michty heave an coupit him. He liftit the muckle stane on high. Wi a great waucht that seemed tae come frae the verra grund he wappit him on the heid.

An that wis the end o't.

Amangst aa the lamentations cam the voice of the Guid Laird. 'Noo art thou cursit frae this airth! Ye maun waunder the laund for the rest o yer days.'

Nae mair cuid he tak delicht in makkin the barren grund flour-ish. Nae mair cuid he sit quiet by his fields at even an watch the sheddas lengthen ower the rigs, or rin the new corn seed atween his fingers.

Sae the laddie lost aathin he had iver luvit, his faimlie an his gairden, an the man an the wummin lost baith thir sons.

There's nae mair tae say. Still, that's 'sin' for ye.

An wha's tae blame? It'll no be me that casts the first stane. I hinna gotten the build for it. I'm no ettlin tae explain it. As I telt ye, I niver got a bite o that dampt aipple. I'm jist tellin ye whit happened. Wid I lee?

Ye'll hae tae mak yer ain minds up.

aathin: everything
abune: above
ae: one
ahent: behind
aik: oak
aippleringie: southernwood
airth: earth
aits: oats
atween the twa lichts: twilight
awa ootbye: away out
ayont: beyond
ba' wis on the slates: game was over
ba'-heidit gomeril: silly fool
badderlocks: seaweed
banes: bones
bap-faced: face without definition
barley-bree: whisky
bastes: cattle
bauds: hares
bealin: boiling with rage
bield: shelter
big: build
biggit: built
birk: birch
birken: (of) birch
birkie: smart-aleck
birls: spins
blackie: blackbird
blae: blue
bleetert: pelted
bleeze: blaze
blibbans: slimy stuff
blithesome: happy
bluid: blood
bonnet fir: Scots pine
bool: bowl
bool-hornit: obstinate
bosie: bosom
bourtree: elder tree
brammles: blackberries
breith: breath
brig: bridge

brisket breid: biscuit
broudit: embroidered
buckies: winkles
buik leir: book-learning
bumbazed: astounded
bye: past
byre: cow-shed
caa'd: called
caa'in: calling/rowing in/naming
cabers: rafters
caller: fresh
cam hame: was born
cam tae: recovered
camsteerie: stir
canny: homely
cantrips: spells
Carline: last sheaf cut
cat's ear: primula
cauldrif: chilly
caunle: candle
chackie-mill: death-watch beetle
chap: knock
cheeple: warble
cheetle: warble
chiel: child
chingle: shingle
chirl: gurgle
chirplin: chirping
chowed: chewed
chuntert: complained
claggy fang: sticky grip
claik: gossip
cleg: horsefly
clockin in: signing in
clootie: cooked in cloth wrap
condampnation: condemnation
corbie: crow
coulter: plough-blade
coupin: overturning
coupit: overturned
couthy: homely
crack: chatter
cramasie: crimson
cream o the well: first water drawn from the well at the New Year
creeshie-mealie an' skirlie:oatmeal and onion

croodle: coo
crowdie: cheese
Cullen skink: smoked fish soup
curly murly: twist of toffee
cushie-doo: darling
cushie-doos: doves, pigeons
Daddy-lang-legs: cranefly
daffin: flirting
darg: labour
daublin: dabbling
dauner: stroll
deith: death
delve: dig
denties: delicious things
denty-lion: dandelion
derk: dark
derk mirk: dark fog
dicht: wipe
dinnle: become dizzy
dirlin: rattling
doitrified gowk: brain-dead idiot
dool: dreary
doon-lyin: labour
doos: doves, pigeons
douce: quiet, well-behaved
draa'in in: drawing in
dree: foresee
dreich: dismal
dumfoonert: dumfounded
dwine: sicken
easins: eaves
eebricht: eyebright
een: eyes
eence: once
ettlin: eager
faa-ivver: whoever
faa-tae: fight
faimished: famished
faimlie: family
fankle: tangle
farin: food
faur: where
feddrame: plumage
fell lang: rather long

fidgin fain: on edge and eager
finin wheel: wheel for silk
flair: floor
flea-luggit: rash
flichter: flicker, flutter
flichtersome: flickering
flichts: flights (wing-nuts)
floor: flower
flytin: nagging
forbye: as well
forenent: concerning
fornie: fornication
forrit: forward
foumart: polecat or ferret
fuit: foot
gang gyte: go daft
gang my ain gait: go my own road
gaun thru the grund: gone through the ground
gey taen up: quite busy
gey: quite, rather
giff-gaff: bandying of words
gin: if
girnels: meal-chests
girnie: whiny
girnin: whining
glamourie: magic
glaur: mud
glib-gabbit: fast-talking
glisk o licht: gleam of light
gowan: daisy
gowd: gold
gowd-limned: gilded
gowk: cuckoo
gowk's hose: fox-glove
gows: gulls
graipin: groping
graithit: decorated
granny's sooker: mint sweet
greetin: weeping
groser: gooseberry
growps: gropes
gumption: sense
gyte: daft
hae their cut: know their type
hairst: harvest

hairy oobit: hairy caterpillar
hairy tatties: potatoes and salt cod
hale: whole
hansel: welcoming gift
hap: wrap
happit: clothed
hard-nebbit: hard-nosed
hard wrocht chiel: hard-working folk
harra: harrow
hauden: holding
hecht: height
heicht: height
heise: raise
hen's taes: bird's foot trefoil
hicht o simmer: height of summer
hind: farm-hand
hinner end: end of the year
hinnie: honey
hinniesickle: honeysuckle
hoolets: owls
horny-gollach: earwig
houghmagandie: rumpy-pumpy, sex
howdie-wife: mid-wife
howe o the nicht: deep of the night
howe: hollow, deep
howe: hull
howff: shelter
howkit: dug
howtowdie: boiled hen
hunker: crouch
hyne: harbour
ilka: every
immock: ant
ingang: entrance
ingan: onion
Jennie-hunner-feet: centipede
jinker: fly-by-night
jobies: thorns
joco: chummy, pals
kaes: jackdaws
keekin: peepin
keep the gait: behave properly
kept guid pairt: got on well
kirstnin: christening
kittle: tickle

knackety: skilful
knackie: clever
kye: cattle
lairick: lark
lambs' lugs: plant with soft velvety leaves
lang lugs: hares
Lang Sandy: heron
lap: fold
lap: leapt
lavins: leavings
lay: cold wind
lee: lie
leid no burnist: speech unpolished
lickery-stick: licorice
lift; sky
like blue stour: very quickly
like stoor: quickly
linkit: arm in arm
lintie: young lass
lo'e: love
loupin: leaping
loused: loosed
lowe: glow
lowse: untie
lum: chimney
maisie: primrose
mak: mate
makar: poet
mangst: amongst
maumie: ripe
maun: must
mealie: oatmeal
mensefu: mannerly
meysies: primroses
midden reek: dunghill stench
mirksome: dark
mixed moggans: sex
moch: moth
moolins: crumbs
moulie-lookin: mouldy looking
mou-mappplin: suckling
muckle-boukit: big-bellied
musardrie: poetry
nae cuttins: no favours
nairra mask: narrow mesh

nane the waur: none the worse
neeps: turnips
ongaeins: ongoings
'oo': wool
oot o himsel: out of his mind
ootbye: far out
ootgang: exit
ootlandish ferlies: strange gifts
ower the score: too far
oxters: armpits
paidle: wade
pairis bun: bun topped with sugar
palie: weak
partan-tae: crab claw
pea-cods: pea-pods
peened: pinned
pint: point
pirl: ripple
pit the peter on: pit in his place
plaint: mournful cry
pleep: pipe
plenished: supplied
plowt: downpour
pokey hat: ice-cream cone
potted heid: sheep's head meat in jelly
preen: pin
prinkit an preened: decked up
prinkle: tingle
privy: privet
prood: proud
puckle: (a) few
puckle: little
puddockstane: magical stone
put the hems on: rein in
pyot: magpie
rack o wind: wind blast
rae: roe
redd: clean
reddit: prepared
ree: state of excitement
reid herrin: preserved herring
reid: red
rewbard: rhubarb
richt redd up: good spring clean
riggin heid: roof-ridge

rigs: drills
rodden: rowan
rooketty-cooin: cooing
rowe in: reel in
rowed: rolled
ruif-tree: main beam
sair-heid: iced cake with paper 'bandage'
sark: shirt
saut: salt
scart: scratch
scarts: cormorants
sclentit: slanted
scraich o day: dawn
scraich: screech
screelin: shrieking
scrieve: sketch
scunner: attack of nausea
sea-maw: seagull
sea-pyot: oyster-catcher
sea-rouk: sea-mist
selkie: seal
selkie-quine: seal-lass
shakkie-trummlies: fine grass seed-heads
sheddas: shadows
sheddit-in: shaded-in
sheep-bucht: sheep fold
shuider: shoulder
sib: sibling
siccan a tulzie!: what a to do!
siller: silver
sit in aboot: come and join us
skail: spill
skaith: harm
skelps: large bits
skeps: baskets
skimmers: skims/gleams
skinkles: sparkles
skirl: shriek
slaister: mess
slees: slinks
smicker: snicker
smirt: snigger
smoored: smothered
sneckit: bolted
snod: cosy
sookit oot: sucked out

sough: breath
sough: breathe in
souken teuchat: hopeless case
soukie-sourocks: sorrel
sowf: fool
spae-craft: second-sight
sparrabaldy: thin-legged
spunedrift: spindrift
steen: stone
steepies: bread in milk
steer: stir
steerin: stirring: active
steik: stitch
stent: territory
sterts: starts
stibble: stubble
stirkie's sta': stall where young bullock was put
                    for weaning
stour: dust
strae: straw
strath: wide valley
straucht: straight
strecht: straight
streeks: stretches
suddren: southern
suith: south
suith: truth
sweir: unwilling
swey: sway
swite: sweat
syboes: chives
syne: ago, since
syne: then
taes: toes
taiglement: delay
tail-toddles: sex
taised: teased out
tak tent: pay attention
tapmaist: topmost
tassie: cup
teuchat: lapwing
the cryin: labour
the dirdum o't: the worst of it
theekit: thatched
thirl: yoke
thirled weys: constricted ways

thoum: thumb
thows o airn: sinews of iron
throstle: thrush
tirl: ring, sound (with vibration), vibrate
tirless: trellis
tods' tails: grass seed-heads
toozlit: tousled
tosie: cosie
tossil: penis
touslin: tousling
trimmlin: trembling
troke: truck
tume: empty
tup-lamb: male lamb
twal: twelve
ugsome: ugly
unchauncy: weird
up bye: aloft
wab: web, weave
wabbit: wove
wabster: spider
wae-wan: pale
wappit: struck
warstle: wrestle
waucht: intake of breath
wecht: weight
weel-hertit: kind
weid-heuk: wood-hook
weirdrie: magic
wey: way
whaup: curlew
wheetle: whistle
wheengin: whining
whin: gorse
whirligigs: fripperies
whit a wey o daein: what a to do!
wicht: unfriendly spirit
wrack: tangle
wuid: wood
wyce: sensible
yerbs: herbs
yuise: use